해찰부리며 헤살부리며

김채진 네 번째 詩集

해찰부리며 헤살부리며

책과공간

시인의 말

·
·

이제 다시 詩를 쓰기 위하여 詩集을 엮습니다. 참 아쉬운 시간의 연속이었습니다. 한동안 멈춰있었습니다.

멋 모르고 만들었던 첫 번째 시집 '사람없는 섬', 동인지 발표작을 모아 엮었던 두 번째 시집 '풍경화 그리기', 시가 조금 보이기 시작할 때 냈던 세 번째 시집 '지금쯤 비가 내렸으면 좋겠다' 이후의 일입니다.

모자라는 文才 탓이지만 생활인의 자리를 지키는 일도 녹록치 않았습니다. 더 미룰 수 없음을 핑계 삼아 부끄러운 짓을 또 합니다.

새로 쓴 65편과 윗사람인 글벗[文友]의 玉稿를 함께 엮었습니다. 만들기까지 애써주신 분들께 고마운 말씀 드립니다.

2013년 8월

김 채 진

차 례

·
·

차 례

·
·

차　례

·
·

차　　례

·
·

차 례

⋮

차　　례

:

제 1 부

봄 여름 가을 겨울

일월

눈이 내린다
잠깐 사이 흙을 감추었다

빼어난 수묵화(水墨畫) 한 폭
단숨에 그려낸 너는 천재화가

줏대없는 초목(草木)들은
카멜레온 되어 모두가 한 색이다

바람따라 사선(斜線)으로 내리는 모양에
너나없이 탄성(歎聲)을 자아낸다

눈 호강이 지속될 수 있을까
너를 어여삐 볼 수만은 없음이 현실이다

여전히 눈이 내린다
이제는 지붕도 길도 감추었다

이월

눈 이불 개인 보리밭
저마다 파릇함 뽐내며 키재기하고

고드름 폭포 아래엔
얼음장 밑으로 흐르는 청아(淸雅)한 물소리

갈색 들녘은 쉬엄 쉬엄
옷 갈아 입을 채비(差備)에 분주하고

볕뉘조차 구경 못한 뒤안길엔
콘크리트 닮은 눈덩이 흉물이다

까칠하여 달갑잖던 보리국에
흔한 석화(石花) 넣어주시던 어머니 그립다

삼월

아직은 옷깃을 여미게 하는,
무엇인가 시작을 해야 할 듯싶은
몸도 마음도 분주한 날이 이어진다

그저 가만히 있으면
갈라파고스의 거북이* 될 수 있어
살아있음을 웅변해야 한다

산책길에 유심히 보았던,
이제 곧 망울 움트려는
이름을 알지 못하는 얇은 나무의 몸짓

봄이 그다지 멀지 않았음을,
마음을 다잡아야 함을
온몸으로 미리 알리고 있다

* 거북이섬의 거북이, 고립되어 멸종 위기

사월

풀잎도 나무도
아직은 마른 볏짚 닮았는데
낙석방지용 방벽 틈새에서
아주 작은 초록을 본다

강물에 비친 제 모습이 한 달 후 어찌 되는지
경험있는 야트막한 산은
연신 몸을 흔들어
춘천 가는 길을 안내한다

몇 년 새 흔해버린 펜션은
여름이 가까워야 일어나려는지
자리보전하고 누웠다
처음 앳된 얼굴은 어디가고

인생의 늦여름을 맞은 나는
가을맞이 가을걷이가 코앞이어서
봄을 추억하기도 이르고
겨울 근심하기도 그렇다

오월

햇볕 가득한 한낮
반야용선*에 홑몸을 싣고
강 가운데 머물고 싶다

세상은 그때
나의 부재(不在)를 인지(認知)할 틈도 없이
밀고 밀리고 있을 것이다

하루만, 한나절만
하릴없이 근심없이
세 살배기 되고 싶다

* 반야용선(般若龍船): 어지러운 세상을 넘어 피안의 극락정도(極樂淨土) 갈 때 타고 가는 배

유월

– 폭우(暴雨)

초여름이 한여름에게
무언가 약점을 잡힌 게 분명하다

얼마나 더 기다려야 그칠까
사흘 밤낮을 이어간다

갓 입소한 훈련병의 일정인가
오십 분을 쏟아붓고 십 분 남짓 휴식이다

눅눅한 옷차림에 여기저기 고인 물
이제는 벗어났으면 좋겠다

어머니가 땀 흘리며 가마솥에 볶아낸
검은 콩 생각에 혼자 웃음 띠고

뒤뜰 한뎃솥에서 붉은 눈물 흘리던
팥칼국수 떠 올라 군침 돈다

칠월

구름은 천둥을 부르고
바람은 비를 부추긴다

십년생 가로수도 콘크리트 전신주도
폭풍우엔 적수가 되지 못한다

보송보송한 옷이 드물고
따끈한 방바닥이 그립다

아랫녘부터 햇살이 들고 있다는데
케이티엑스 속도로 오기를 기대한다

팔월

무기력(無氣力)이 무기력이다
바람 없는 그늘은
명예롭지 못한 명예퇴직이다

실내외 온도차는 십도 이상
예닐곱 세대 지나면 달라지지 않을지
후손들 피부색이 걱정이다

그리 많지 않은 걸음마다
피할 수 없는 열기들은
이미 찡그린 미간의 깊이를 더하게 한다

나무 그늘에 자리하고 누워
수박 놓고 하모니카 부는
고향 냇가를 상상한다

구월

아침 저녁엔 실바람
한낮엔 햇살
십도가 넘는 일교차

닮은 듯 다르게 이어진 논배미마다
조금씩 다르게 채색하는 화가의
분주한 손놀림에 나락이 여문다

살갗에 닿는 빗물은 어느새
한기(寒氣)를 느끼게 하고
아장아장 아가의 외투가 짙은색이다

시월

바람에 떠 밀려가는 구름에게
갈 길 있는 것도 아닐텐데
가는 듯 마는 듯 유영(游泳)을 한다

선발대 따라 이동하는 새들은
시위진압군처럼 다가와 멀어져가는데
초보 목수의 승묵* 모양이다

무언가 이루고 싶은 욕심에
누군가에게 상처 남기는
역설(逆說)의 시간이기 십상이다

* 승묵(繩墨): 나무에 긋는 금

십일월

추석을 쇠고 난 중년은
마음도 몸도 분주해진다
머잖아 해가 바뀜을 인지한 것이다

산야의 푸르름도
드문드문 변복(變服)을 시작하고
이맘때면 어김없이
삼십 년 전의 아버지를 떠 올린다

쉰이 보이는 지금
내 인생은 가을이 시작된다

십이월

연말이라 덩달아 분주하다
정리하고 마무리해야 하나 보다

신문 방송은 매일 무슨 통계를 발표하는데
동떨어진 세상 사람처럼 생뚱맞다

교수들은 한 해를 특정 짓는 문자를 발표하고
그럴듯함에 시나브로 끄덕이고 빨려든다

마감 원고에 시달리느라
연말을 연말에 하지 못한 지 십 수년

정리와 마무리를 새해로 미루고
그때 또 다른 시작도 십 수 년째 함께 한다

내리는 눈 만져보는 두 돌배기 어여쁘고
두툼한 방한복 뽐내는 네 돌배기 부럽다

쌓이는 눈을 보며 생각해보는 중이다
문외한(門外漢) 경제학 관점에서

폭설(暴雪)이 일상에 얼마나 해로운지
쾌재(快哉)를 부르는 이는 누구인지

제 2 부

망중한(忙中閑)

스마트폰 · 1

대화가 줄고 있다
목소리를 아끼고 있다
손가락은 분주하다

입은 다물거나 미소 머금고
귀는 이어폰으로 가리고
눈은 손바닥을 응시한다

한글 맞춤법과 띄어쓰기 오류는
미필적고의(未必的故意)인지 무지(無知)인지
아는 체 대꾸할 방법이 없다

마주보는 대화는 서툴러지고
수화(手話) 아닌 수화로 하는 소통이 익숙한데
그나마 안하느니보단 낫지 않을까

스마트폰 · 2

시공합일(時空合一)이다
시공일체(時空一體)이다

답답함과 궁금증은 해소되고
불필요한 기다림은 줄어든다

부처님 손바닥 안의 손오공이
오늘을 얼마나 아쉬워할까

세상은 바야흐로
내 손 안에 있다

카메라

칼라 사진 한 장에 오십원
사십 년 전 초등학교 소풍길에 처음 본
사진사 아저씨 광고판 생각난다

주민등록증 맡기고 빌려간 카메라
생각대로 작동 안돼 필름 칸 열어버린
스무살 장발 시절 그립다

동영상 촬영하는 아빠들 사이에서
부지런히 셔터 눌렀는데 어둡게 나온
아이들 재롱잔치 아쉽다

필름도 인화지도 쓸모없게 한 디지털카메라
감탄하며 익숙해가는데 서랍에 들어있다

스스로를 거듭 거듭 찍어보는 오늘
거꾸로 보이는 증명사진 찍은 사진사
허리 숙여 들어가던 암실 생생하다

잃어가는 것

안 되는 일이 없는,
못 하는 것이 없을 세상
유비쿼터스(Ubiquitous)
…… 무섭다

인위(人爲)와 작위(作爲)가
자연(自然)과 우연(偶然)을
야금야금 앗아갈 텐데

공상과학영화가 현실이 되면
숨기고 감출 게 많은
나의 시공(時空)은 어찌할까

바람이 아니어도
머지않을 그날
내게만이라도 천천히 와다오

고속열차(KTX)

간택(揀擇) 받으려 애쓴다
산과 들과 강과 바다가

온몸으로 애원한다
잠시만이라도 머물다 가기를

더 빠르게 더 편하게 변해가는데
잃어가는 것들이 있다

스물 두 살 까까머리
입 · 영 · 전 · 야

여덟 시간 비둘기 입석
벌건 얼굴에 캔맥주

머리 비우기

강릉 부연동에서 양양 어성전
오십 리 길 다섯 시간
얼마만인가 비포장 굽은 길
단정치 않은 전봇대가 거슬린다

잠깐 조우(遭遇)한 다람쥐 한 마리
사람 귀한 산길에서 반갑고
흙집 짓는 사람들의 환한 미소에서
노동과 여유의 어우러짐을 처음 보았다

통하는 이와의 산행(山行)에서
저음으로 주고받는 공감(共感)이
역사를, 철학을, 사상을, 시공을 넘어
지적(知的) 곳간을 채운다

머리는 서울에 안테나 세워
온전한 영육일체(靈肉一體)가 아니어도
망중한(忙中閑)이 오늘의 호기로움이다

자연치유가 내일을 사는 힘이다

초록의 푸름은
그늘 그리운 칠팔월이 아니라
비린 공기 없는 성하(盛夏) 직전의 오월
이때가 진짜배기다

어떤 이의 꿈

– 다산(茶山) 생가에서

이미 내다보고 있었다
고단한 날들이 지난(持難)하게 이어진다는 것을

이미 내다보고 있었다
이백년은 흘러야 세상이 안다는 것을

이미 준비하고 있었다
두물머리 강물에 새겨야만 하는 지식이 있음을

이미 준비하고 있었다
탐진에서 붓으로 새겨야 하는 지식이 있음을

짧은 말직(末職)과 기나긴 유배(流配)의 운명을
미리 알지 않고 감내(堪耐)할 수 있을까

열 여덟 해의 기다림에 나는
광인(狂人)이 되거나 도망자 되었을 것이다

앞 서 가는 이의 삶이 그럴수록
쫓는 이들은 한여름에도 옷깃을 여미게 된다

두 세기 반 전에 이미 알고 있었다
그 믿음이라야 모진 시공을 견딜 수 있음을

두륜산 케이블카

날아오른다
두어 시간 산 길을
겨우 칠팔 분 동안에

두 돌배기 아이도
칠순의 어르신도
어리둥절 산 맛을 본다

걸을 때 놓치는 산세(山勢)를
내려다보는 재미도 솔솔하긴한데
왠지 개운찮다

산에 오름이 등산(登山)이니
이건 비산(飛山)이 어울리겠다

오래 전 초등학교 수학여행을
구름다리 아래에서 등산해 왔는데
시원찮은 신발로 기특했구나

춘래불사춘(春來不似春) 삼월 초순 한나절
철쭉은 망울 부풀고
들풀은 채색준비에 여념이 없다

먹이 찾는 독수리는 맴돌다 가고
까마귀는 무슨 일인지 군무(群舞)를 한다
때 맞춰 산들바람 불어온다

한강 위에서

유빙(遊氷)이 되어 함께 있는 저들은
본디 아는 사이였을까

관악산에서 헤어진 연인일까
수락산에서부터 벗이었을까

하루를, 한나절을, 한시를 놓지 못하는데
저들의 무상(無想)이 오히려 부럽다

알지 못하는 곳으로 향하는 저들도
해야 할 숙제가 있을까

머리는 책상에, 마음은 침실에, 육신은 찻길에
어느 하나도 온전치 못하다

셋 모두 모아 설악에서
사흘만 아니 하루만을 꿈꾼다

행복

수줍음 너머로 넘치는 자신감이
미소 머금게 한다

너에게 무엇이 되고 싶다
'별'에서처럼 '소나기'에서처럼

이 기다림은 얼마만인가
떨어진 거리는 단지 계량(計量)일뿐

가만히 바라만 보아도 좋다
보일 듯 보이지 않는 곳에서

* 2연은 알퐁스 도데와 황순원 작품명

바람

오래 보아야 한다

시나브로 미소가 생긴다

비로소 내 것이 된다

말(言) · 1

벌써 둔기가 되었다
나를 벗어나면서부터

그늘져 웃는 낯은
또 다른 아픔을 예고한다

금세 달변가 되었지만
이미 시위 떠난 화살이다

곧음이 늘 좋은 건 아니다
적당히 휨도 필요한 것

불혹(不惑)을 넘어 지천명(知天命)이 와도
깨침이 멀어 아픔이 가깝다

말(言) · 2

말이 원인이다
없어도, 많아도, 잘해도, 못해도

아무도 모르게 해결한 큰 근심은
소나기 후 윈도 브러시 지나간 자리다

아무 것도 아닌데 소문 난 고민은
드러나게 떼 쓴 후의 여고생 얼굴이다

알리고 싶지 않은 일은 금세 소문 돌고
알려져도 되는 일에는 무관심한 인심

말은 생각이 없다
하는 이와 듣는 이의 해석이 다를 뿐

말(言) · 3

천사에서 악마로 변하고
소인이 군자가 되는 시간은
한 차례 지나가는 소나기다

돌배기의 아침을 희망하는데
세 살배기의 저녁이 되는 건
미숙한 언행이 시작이다

뒤틀리게 다가오는 근심
가지런히 떠나가는 희망
조화는 두 사람의 몫이다

문빗장 푸는 건 사랑이다
하늘을 담는 그릇이기에
짧은 기다림을 기대한다

제 3 부

단상(斷想)

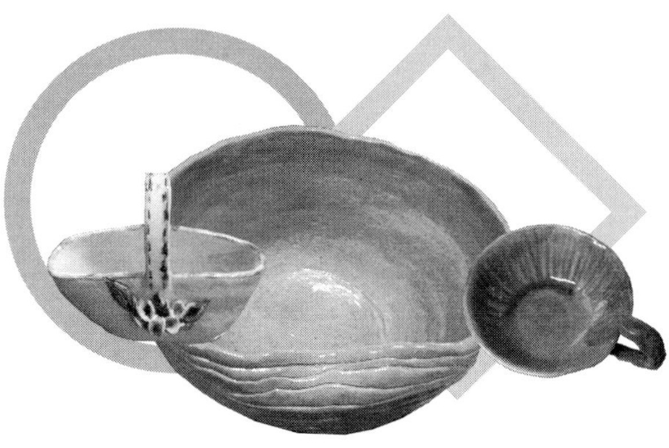

봄비 · 1

후미진 술집 구석자리에
힐긋거리는 시선 아랑곳하지 않고
그녀가 홀로 앉아있다

말 한 마디도 술 한 모금도 않은 채
술잔만 만지느라 만들어진 지문은
생각이 아직 정돈되지 않았음을 알게 한다

간밤에 시작한 비는
끊어지고 이어지기를 거듭하며
사월 한낮을 그렇게 채우고 있다

불 꺼진 창을 두드리다 돌아서던
기억 저편의 그녀 환영(幻影)을 보는 듯
눈 앞의 그녀에게서 시선을 뗄 수 없다

봄비 · 2

얼마나 귀하신 몸이던가
기우제(祈雨祭)로 어르고 달래도
태종우(太宗雨) 겨우 보여주더니
올봄엔 서울의 김서방이다

인왕산 안산 봉우리는
하루가 멀게 뒤춤에 감추고
반기지 않아도 다가오는 품이
남원 가는 이도령 걸음걸이다

봄 날

– 태종대 신선바위

마흔 넘은 석공(石工)이
스무 살 화공(畵工) 달래며
한 세월 담은 암각화(岩刻畵)

두고 온 처자(妻子) 그리움엔
이름난 돌쟁이어도
손등 찍는 건 예삿일이다

멀어져간 처자(處子) 그리는
총각 그림쟁이 손끝은
가지런할 수 없다

검푸른 바다는
천 년 전 그들의 고뇌를
지금도 기억하고 있다

봄 밤

어스름 달빛이 곱다
얼마만에 우러르는 하늘인가
가까이 살면서도 그림의 떡이다

옷깃을 여미게 하는 바람은
오히려 개운하다
열 살 쯤 처음 먹어 본 청량음료처럼

여덟 폭 뒷산 병풍은
어머니 아버지 품인냥 낯익고
너른 바위는 드러눕고 싶은 충동을 준다

코코블럭 아파트에
드문드문 불 꺼진 집 정겹고
같은 자리에 누워있을 사람들 민망하다

견딜만큼 쌀쌀한 봄 밤
노 젓는 배 타고 동네 형들 따라갔던
사람없는 섬 그립다

빗방울

한 방울 또 한 방울
쉴 새 없이 내려 앉는다

그들에게
즐거움인지 아픔인지 궁금하다

밀치고 지키고 하는 본새가
광복 공간의 좌우(左右) 대립이다
오늘날의 보혁(保革) 대결이다

밀리고 버티는 것도 순간인데
머잖아 다시 만나면 또 그렇게
엷은 웃음으로 악수를 나눌까

한 방울 또 한 방울 내려 앉는다
가지런한 장독대 한쪽
엎어진 여벌 항아리 꽁무니에

여름풍경 · 1

– 폭염(暴炎)

십분쯤 걸었을까
오백미터나 됐을까
정수리는 따갑고 뒷덜미는 젖었다.

오갈 데 없는 지열(地熱)은
하는 수 없이 위로 오르고
건물마다 밖으로 향한 실외기는
제 역할에 분주하다

까까머리 조무래기 시절
풀 밭에 열 맞춰 옷 벗어놓고
풍덩 뛰어들던 냇가 그립다

저만치서 빨래하던 어머니들
방망이 소리 잦아들 무렵
너나없이 옷 입은 채 몸 담그던
바로 그 곳

여름풍경 · 2

– 성하(盛夏)

널뛰기 날씨다
소나기 – 폭염(暴炎) – 다습(多濕)
하루가 단지 하루가 아니다

큰 아이 갓난이 때 처음 들어본 열대야
스무 해 가까이 지나는 동안
진화를 거듭하여 익숙한 이름

정선의 화암동굴 속
내리막길 삼백 예순 다섯 계단
그 생각으로 잊어보는 것도 잠시
이어지는 괜한 걱정에 다시 더워진다

이러다 두 세기쯤 지나
예닐곱 세대 넘어가면
아열대 기후에서 살아 갈 후손들 생각에

수박

탈콤한 진홍을 만나려면
라미네이팅* 된 초록 커버를 넘어
날씬할수록 환영받는
하양의 허락을 받아야 한다

봄 햇살에 썬텐한 몸은
다이어트에 실패해야만
간택이 빨라진다.

갓 퍼올린 찬물 양동이에서
오일장 수박과 텃밭 물외가
뒹굴 뒹굴 어울릴 때
어깨 빼근하게 물질하던
열 살 시절 그립다

* 책의 표지를 감싸는 유광 무광의 코팅

환자

넘어진 김에 쉬어가려던 동경(憧憬)은
여지없이 무너졌다

한번쯤 하고 싶었던 경험
더 이상의 환상은 없다

신선하지 않은 공기
헝클어진 머리카락

낯 좋은 의사와 간호사는
지난 주에 옮겨갔나 보다

어느 날

찬바람 일렁이던 어느 날
한 영혼이 내게로 왔다
당당한 차가움을 감추 듯 내보이면서

가지런한 여유로움 너머로는
겨울날 얇은 옷 입은 아이처럼
가녀림이 감춰져 있었다

보이지 않아도 들리는 소리는,
지남철에 저당 잡힌 쇠붙이 되어
이끌림 따라 움직이게 하였다

마음을 쫓지 못하는 행동은
여전히 돌배기 걸음마에 머무는데
머리를 향한 몸뚱이의 반란일까

다가가지도 오라하지도 못하는
못난이의 표본(標本)이다

이제는 벗어나고 싶은데

새들의 군무(群舞) 속 외톨이에서
밀레의 만종 위를 날아가는
여유로운 기러기 되었다

늦가을 서정(抒情)

눈에 띠는 화려함이 없어도
때를 어기지 않는 억새는
제 뜻과 상관없는 이름과 달리
한없이 여린 풀나무다

주인 쫓겨난 땅에서
몸부림으로 변형된 연해주 야생벼는
한 세기(世紀)를 거슬러 거슬러
고려인의 한(恨)을 담은 열매다

금혼(金婚) 넘은 부부의 단감과 약밤은
아들네 딸네 손주에게로 갈지
시오리 길 오일장에서 보일러 기름값이 될지
간택의 시간이 가까워진다

인심은 벌써 단풍을 외면하고
새로운 볼거리를 찾는 중이다

겨울이 지척인 늦가을은
갈 길 빠쁜 중년을 닮아
몸이 게으름 피우려해도
마음 분주한 날의 연속이다

겨울 햇살 · 1

달포만에
폭설과 혹한이 익숙한 달포만에
낯설게 찾아온 얼굴

간만에 드러낸 목덜미 사이로
스멀스멀 감기는 바람끝이
돌배기 손장난이다

이어지는 기상청의 헛발질이
한나절 적중으로 만회되고
머잖아 다가올 입춘이 헛기침 한다

겨울 햇살 · 2

벌써 몇 해째인가
저만치 설이 보일 무렵이면
한 주 쯤 머물다 가는 친구
- 감기 몸살

연말이면 해야 하는
열흘 남짓한 무리(無理)가
십 수년의 경험에도 무리가 되나보다

구름 사이로 햇살 내려 눈 녹는 날
이제야 연말연시를 되뇌이면
절로 미소가 머금어진다

나만 힘들었을까
앓을 여유조차 없는 이 많을 텐데
산다는 것 만으로도 충분한 것을

제 4 부

자화상(自畫像)

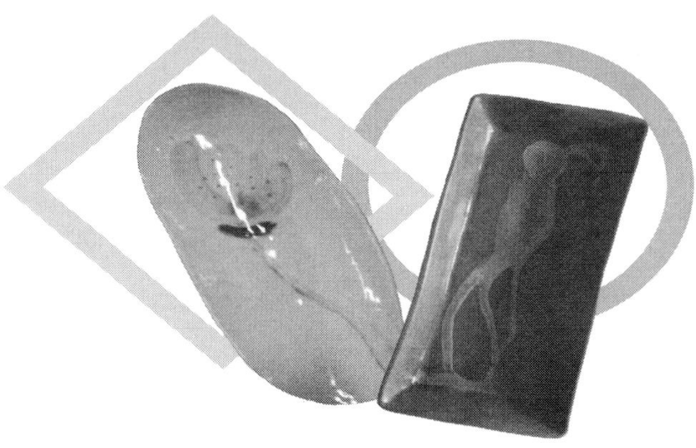

새벽에 쓰는 편지

여명(黎明)의 짙은 화살촉
첫닭의 목청 겨냥할 때
밤새 다듬은 손가락 끝은
꿈에 그리던 일필휘지(一筆揮之)

내 보호 아래 잠든 영혼들은
고른 숨소리로 보답하고
기꺼운 마음으로 들이키는 냉수는
살아있음을 알려준다

하루를 시작하는 소음들 들리고
뿌옇게 분주한 햇살은
살찐 졸음을 몰아낸다
그래도 느긋한 아침을 희망한다

삼십년지기에게 보내는 편지엔
늘 그렇듯 안부를 묻지 않는다
이심전심이기에
그저 선문답(禪問答)으로 일관한다

친구야 · 1

가지런히 비 내린다
그치기 전에 설움 꺼내고
거세지면 머물던 눈물 내보내자
다른 이들도 다르지 않을 거야

너와 나 찾지 않아도
우두봉(牛頭峯)의 모란은
봄을 알리고 전하기를 서른 해
이제는 아는 체 해보자

반환점 돌아선 마라토너 되어
가운데쯤 유지하면서 나아가자
조금은 해찰부리며
가끔은 헤살부리며

친구야 · 2

산들바람 불어온다
금세 센바람 될 터인데
어깨에 매달린 번뇌
놓치지 말고 날려보내렴

낚싯줄 드리우던
본디의 얼굴을
가벼운 몸짓을
간만에 보여주렴

안주거리로 추억할 일들
고향집 뒤켠에 묻어두고
온만큼 갈 길을 찾아
천천히 걸어보렴

* 바람의 세기(보퍼트 등급 : 0～12) : 고요 - 실바람 - 남실바람 - 산들바람 - 건들바람 - 흔들바람 - 된바람 - 센바람 - 큰바람 - 큰센바람 - 노대바람 - 왕바람 - 싹쓸바람

쉰 · 1

쉰, 지천명(知天命)
감히 하늘의 뜻을 헤아리기엔
그릇이 좁다

처음 학교 가는 신입생마냥 조급하고
걸음마 맛 붙인 돌배기만큼 분주하다
내다보기도 무엇하고 돌아보기도 그렇다

아이들은 어른이 되어가고
아내와 나는 제이 사춘기라는 정체성 혼란이
예삿일이 아님으로 다가온다

새 쫒는 허수아비도 돼야하고
새 불러 모이도 줘야하는
늦여름 초가을 풍경이 오늘이다

일엽편주(一葉片舟)에 오수(午睡)를 꿈꾸지만
반드시 해야 할 일이,

거두어야 할 일이
예서제서 나를 찾는다

세상에 큰 족적(足跡)이 아니어도
살았음에 대한 흔적은 남기고 싶은데
아무래도 과욕인 듯싶다

느긋해야 할텐데
여유 있을 줄 알았는데
여전히 분주하다

쉰 · 2

인생의 사계 중 늦여름이고 초가을일텐데
환절기 철부지 바람이 터진 옷 새로 파고든다

거부할 수도 거스를 수도 없는 무게는
감당할만큼의 은근한 압력으로 버티고 서 있다

애초에 아무 것도 아니었는데
사반세기 전처럼 부딪쳐보는 것이다

간간히 불어오는 훈풍 맞으며
지나치게 여민 옷깃을 풀어도 괜찮을 것이다

내가 가는 이 길이 나의 길이다
아다지오*로 알레그로*로 그렇게 갈 것이다

* 악보에서 '느리게'를 지시하는 말

쉰 · 3

아메리카노를 마시며
에스프레소 향을 그린다

문화와 예술을 이야기하다
정치 사회 현상을 논한다

가끔 보는 술 친구랑
끝내는 언쟁으로 마무리한다

알지도 못하면서 아는냥
나날이 허세가 늘어간다

자화상

연고(緣故) 사라진 고향은
오히려 아는 이 만날까 두리번거리게 된다

더위 가시잖은 해질녘
땅 끝에 서 본다

목젖 드러나게 웃어 본 기억
눈두덩이 붓도록 울어 본 기억
가물거린다

숨죽이며 보내는 하루가
나를 숨기고 사는 하루가
길고 더디다

홍시 연(鳶) 하나 떠오르는 하늘에
나무들 환호하는 모습이 바다에 어려
미술관 데칼코마니* 된다

기다림을 가르친다
번뇌의 아이스크림에 커피를 붓는다
소망은 솜사탕으로 변한다

평온이 맴돈다
손을 모은다
금세

* 물감 칠한 그림을 두 겹으로 접었다 펴는 미술 기법

나에게

두 번이다
수장(水葬)의 기억

겨울날 청평사 폭포에서
얼음 속으로의 일 분

여름날 방산 계곡에서
물살에 휩쓸려간 이 분

방심과 교만이었다
아무 것도 아님을 깨닫게 했다

소리 나지 않게 살라 한다
소리 나지 않게 살려 한다

서예 입문

모두 드러난다
도무지 감출 수 없다

진중하지 못한 마음
해치우려는 경박한 품성
문자와 문장에 대한 무지

깔끔한 수족관의 물고기
그 중에 빙어가 된 느낌이다

집중하려 하면 전화벨이 울리고
호흡 가다듬으면 잡념이 다가오고
있지도 않은 주변의 시선을 의식한다

문자와 문장은 한참 후의 일이고
오늘도 선 긋기에 한창이다
그리기가 더 어울리겠다

벼루

하늘을 담았다
보이는 것만으로는
자그마한 그릇에 지나지 않은데

그 작은 못에
사상도, 철학도, 문학도, 애증도
켜켜이 담겨있다

반듯할 듯 반듯하지 않음이
투박할 듯 투박하지 않음과 같아서
크기를 가늠할 수 없다

먹물에 비친 얼굴이
지금 이 순간의 자화상이다

먹

제 몸을 줄여 사람의 뜻을 늘이고
제 몸을 녹여 사람의 마음 굳힌다

촛불의 뜨거움은 촛농으로 표현하지만
마음 누르고 추스린 채
비릿한 내음 안고 닳기만을 반복한다

제 몸을 줄여 사람의 뜻을 늘이고
제 몸을 녹여 사람의 마음 굳힌다

작을수록 연륜이 많은 너는
하루도 비난의 대상 아닌 날이 없을텐데
묵묵함으로 보아 진정한 거석(巨石)이다

붓

올곧은 선비의 마음이다
사람들을 이롭게 한 선인(善人)들의 붓은
손 때 묻어도 자랑스러웠을 것이다

백발 노신사의 성난 얼굴이다
세상을 어지럽게 한 간인(奸人)들의 붓은
금테 둘렀어도 부끄러웠을 것이다

동백 기름 바르던 어머니 가르마다
서간(書簡)을 쓴 규방 여인들의 붓은
그리움과 외로움을 함께 했을 것이다

이 순간 희망한다
엷은 미소 머금게 하는 붓 끝이기를
미간 찡그리게 하는 붓 끝이 아니기를

화선지

환한 미소로 신부입장하는
새색시의 웨딩드레스이고 싶은데
재롱잔치 처음하는 네 살배기의
거추장스런 드레스다

화선지가 화선지다워지려면
적어도 삼백 예순 날
일 천 시간 넘는 수양(修養)이 필요함을
보고 또 보았다

제 5 부

내 마음의 보석상자

미소

가장 어여쁜 것은
십 수년 전 백일날 아침에
잇몸만으로 만들어 낸
딸 아이의 그것

가장 가득한 것은
십 수년 전 첫돌날 아침에
윗니 두 개로 보여준
아들 아이의 그것

실기시험장

입술이 마르고 속이 요동칠거야
등은 찌뿌듯하고 어깨는 뻐근할거야

너댓 시간의 평가로 희비는 엇갈리겠지만
가끔의 투정으로 삼년,
어쩌다 휴식으로 여든 날

기나 긴 수행을 견딘 너는
이미 그림쟁이야
벌써 화가야

너의 꿈을 위한 기나긴 여행을
한 걸음 뒤에서 동행할게

별리(別離)

삭히는 한숨으로, 삼키는 눈물로
남기고 돌아섰다

슬픈 것인지, 생각이 없는지
무표정한 너를

기우(杞憂)일거야, 태연하게 혹은 지나치게
잘 지낼 거야

구름 낀 하늘에 어둠이 서려
속내 들키진 않았다

시위 떠난 활 되어 그렇게 하루 지나고
또 다시 시간은 흐른다

삭히는 눈물로, 삼키는 한숨으로
남기고 돌아왔다

빈자리

습관이라는 것이, 관습이라는 것이
영혼을 지배한다

있어야 할 자리에 있지 않음은
혼돈(混沌)이요 혼란(混亂)이다

가지런한 그 자리는
흐트러짐을 힘겨워하던 평소와 달리
정돈되지 않음만 못하다

생각없이 사는 이가
차라리 부럽다

다섯 살배기처럼
세 밤 네 밤만에 돌아오기를 손 꼽는다

그리움

짓눌린 무게가
숨쉬기를 훼방 놓는다

허공에도 보이고
창문 너머에도 있다

어떻게든
보내지 않아야 하였다

꿈을 꾸었다
낯익은 미소로 돌아오는

출가(出家)

어린 양 한 마리가
우리를 떠난다

고난이 기다리고 있는데
아랑곳하지 않는다

돌아보면 보일듯한 거리에서
뒤따르며 살핀다

먹이도 찾고 웅덩이도 피하며
근심을 기우로 만든다

인기척을 모르는지
모르는 척 하는지

오로지 앞만 보며 간다
한번쯤 돌아볼만도 한데

이미 때가 되었음을
야무지게 할 수 있음을
그렇게 대신 말하고 있다

내려놓아야 한다
먼 길 가는 너를 위해
돌아서야하는 나를 위해

아들

사람이 생겨난 이래
대(代)를 이어오는 미스테리가 있어

어른들은 경험했다는 이유로
아이들 삶에 끼어들려 하는 거야

내가 너만할 때 그랬을 거야
내가 너만할 때 그랬어

준비하고 계획하는 인생인데
뜬구름으로 보였을 거야

그럴듯한 꿈이고 자신감인데
온실 속 화초로 보였을 거야

네가 바로 나야
삼십년 전이 떠 올라
옅은 웃음과 짧은 한숨이 생겨

항상 비교하는데서 시작하지
우리만의 스토리텔링이 있음을 간과(看過)하고

하고 싶은 일을 하는 내가 얼마나 행복한데
너를 세상의 잣대로 줄세우려 했지

이제 한 걸음 뒤에서 후원자 할게
삼십년 후의 너를 그리며

남남북녀

\- 결혼 20주년에 부쳐

땅끝마을 해남에서
국토 정중앙 양구까지
육백킬로미터 천오백리

바다와 들뫼는 노는 물이 달라
섞이기 어려운 사람들이
운명을 이유로 스무 해를 살았다

거만한 듯 섬세한 남자와
여린 듯 선 굵은 여자는
영역을 지키기보다 넘보지 않았다

볕 들지 않은 방에서 시작한 스무 해
볕 좋은 집에서 다시 시작할 서른 해
그들의 계약기간은 자그마치 반 세기

글 쓰고 책 만드는 그와
종이로, 나무로, 흙으로, 형태 만드는 그녀는

그림 그리는 딸과 연기하는 아들이 있다

화랑과 극장을 쫓아다녀야 하는데
서른 해도 한가롭지 않을 성싶다
지금처럼 지금만큼

어버이 날

아내가 졸고 있다
온전히 누운 게 아니라
오분대기조처럼

늦은 아들을
늦는 딸을 기다리다
꾸벅꾸벅

배터리가 방전되듯
하루치의 에너지를 다 쓴 몸이
고개의 무게를 이기지 못한다

오늘 역할이 바뀌었을 뿐
얼마전부터 나도 그런다
받아들이기 심란하다

눈망울이 달구어졌어도
일단 아니라 우겼다

번갈아가며 시치미다

쉰이 되면서
싱그러움과는 멀어지고
쉰내와 졸음이 가까워지나보다

툭 트인 뒤안에서 등목 한판으로
들에서 흘린 땀 훔치시던
여름 날 아버지 어머니 냄새 그립다

사랑하는 이에게

가장 짙푸른 이파리였다가
맨 나중 낙엽이고 싶다

잘 썩고 또 썩어
넘치는 양분이 되고 싶다

햇살 아래 한기 남아있는 날
서둘러 움트는 새순이고 싶다

내일

넘어져도 일어서고
짓밟혀도 울지 않는다

체면은 저당 잡혀도
자존심은 남아있다

하루를 이틀처럼 살다보면
봄날은 반드시 온다

오늘만 날이 아니다
내일도 해는 뜬다

희망

절로 얻는 건 없다
댓가를 치러야 한다

웃음을 만들고
시간을 버리고
자존감을 저당잡힌다

그래도 해야 한다
나를 바라보는
여섯 개의 눈망울을 위하여

하루

아침을 기다리기 시작한다
일찌감치 해야 할 일이 있기에
무미하던 시간이 분주하다

어느새 익숙한 버릇 하나 생겼다
전화기를 응시하다 주문을 왼다
그러면 소망처럼 신호음이 울린다

저녁놀이 수채화 소재가 될 무렵
고삐에 옭매인 황소에서 벗어나
코뚜레 없는 송아지가 된다

제 6 부

自然人 김원태

茶山과 김채진 詩人으로부터 詩를 배우다

금은화

모진 겨울을 이겨낸 널 보고
인동초라 불렀지

겨울을 지낸 건 너뿐이 아닌데
모자라는
과찬이려니 했지

살바람 불어와 피어난 너는
노랑꽃 흰꽃 같이 묻어나와서
사랑을 이야기하는가
세상을 이야기하는가

한 여름이 되도록 끝나지 않는 이야기는
그 속내를 알 길이 없구나

파꽃

가냘픈 몸 스스러지고 뿌리만 남으니
엄동설한에 으깨지지 않는 것도 신비스럽다

다시
봄바람 맞으며 일어설 때면
그 고운 수내기는 붓끝보다 고고하구나

오월이 오면
가냘픈 목에 또 하나 세상 만들어 머리에 이고
이 동네 저 동네 벌들을 다 모으는구나

유월이 되니
까마귀보다 독하게 겨울을 이겨낸 너
노랗게 시들어가지만
하얀 꽃송이에 새카만 자식들이 가득하구나

남김없이 주는 것이 조금은 못마땅스러운데
네 속내는 그렇게 깊었구나

민들레

늘 당당하게 서서 꽃피우고
홀씨 멀리버리던 너였다

시도 때도 없이 지나가는
잔디 커터기의 굉음을 듣고
너는
대지에 붙어서 몸 움츠리며
홀씨를 날리던 너를 보면서

하나님을 가까이 하기엔 멀기도 하고
神은 가끔 생각날 때
너는
어김없이 그 공간도 허락지 않는다

우둔한 나는 너의 영리함에서
진화를 배운다

며느리 밥풀꽃

꽃보다 붉은 수내기 올라와
단비 내리면 초록으로 환생한다
그래야 순산이다

여린 몸 세우기도 이를 때
하얀 이밥을 줄줄이 토해냈다
아장아장 다가온 화동은
널 미소로 바라다 보았다

질곡을 넘은 우리는
숙연하게 바라만 보고 있구나

* 꽃말 이야기〈다른 이름 금낭화〉 – 독스런 시어머니는 며느리가 이밥(흰쌀밥) 먹는 것이 아까워 뒤통수를 쳤는데, 며느리는 쌀 알을 토해내며 세상을 떠났다고 한다.

찔레꽃

언젠가는 너를
거들떠보지도 않았다

누군가도 너를
거들떠보지도 않았다

광장에서 들려오는 함성에
실언의 고통을 넘어
눈물까지도 말라버린 것은
아무도 기억하지 못했다

그래도 나는 너에게 돌아가련다
조금은 미안스런 맘 머금고
장미의 광장을 떠나련다
조금쯤 수줍다면
넌출의 가시는 떼어버리구나!

강아지풀꽃

아버지 송아지 끌고 장에 가던 날
외양간 어미소는
한여름 오수도 잊은 채 울고 있었고
초가지붕 박넌출 하얀꽃 별 보고 자랑할 때

너는
신작로 옆에서 살랑거리고 있었다
분칠도 안한 산골처녀처럼
하얀 이빨조차 드러내지 않고

코흘리개 소년은
귀엽디 귀여운 너를 꺾어 코 아래 붙이고
에헴
그렇게도 어른이 되고 싶었겠구나
허나
어미소의 울음소리는 너 때문에 더
간절한지는 몰랐겠구나

애기똥풀꽃

한뼘의 땅도 차지하지 못하고
언덕 기슭
가시넝쿨 사이에서 보여준 건
노오란 속살이었다

우리는 늘 분바르고
뱃속에는 탐욕의 호수를 담고
세치 혀바닥은 에스프레소 향을 노래불렀다

말매미 새를 닮으려 목청 높일 때
너는 노오란 속살 닮은 노랑꽃을 피웠다
나는
너의 겸손함을 부끄러워해야 했다

목화(木花)

곡괭이 자루 튕기는
척박하디 척박한 돌무덤 밭에는
보리고개 배고픔 아랑곳않고 목화씨를 묻었다

양귀비 빼닮는 너를 보는데
엄마의 호미는
열 번은 바랭이와 싸워야 했다

너의 자태가 배고픔에 비할까했는데
엄미는
너에게 눈길조차 주지 않았다

여덟 식구 겨울지낼 알곡 걷어오고
첫눈이 내릴 때만 찾은 너는
온몸 뼈만 남고 눈꽃같은 솜꽃을 터트렸구나

그래
비얄밭에 아지랑이 오를 때
너는 누이랑 꽃가마에 오르거라

산목련(山木蓮)

도시의 사람 숲 속에서
꽃들은 세상을 구경하고 있었다

앞다퉈 피는 꽃을 보며
사람의 숲은 술렁거리며 잊혀져갔다

五大山 아랫자락 부연동에서는
무성한 녹음에 꾀꼬리 숨기고서야
수줍은 꽃망울 터트렸다

강냉이밭 떠난 산처녀
반백이 되어 돌아와서도
더 기다리다 만난 벗!

나그네에게도 수줍음을 살포시만 보여준다

보내지 못한 편지

- 영희에게

너의 친구에게 하고 싶은 이야기를 너에게 하는데 조금은 미안하구나
네 친구는 사람됨도 순하고 절대 나쁜 사람 같지는 않다
멘토가 수백명이라니 그 또한 소통도 원활한 것 같고 남의 이야기도 경청하는 좋은 친구지
다만, 내가 이야기하는 것은 여기까지야
공자의 말을 빌지 않더라도 사나이가 나이 오십이 넘어 그렇게 많은 멘토가 필요하다면 우리의 길잡이나 리더로는 아니란 말이다
지금까지처럼 너의 좋은 친구였음 좋겠어

우리의 길을 묻기엔 그가 넘 힘들 것 같다

동행(同行)

- 부연동을 거쳐 어성전에 이르다
- 같이 길을 걷다

새벽을 질러 온 우리는 한나절에서야 오대산의 오월에 있었다. 하루 서너 차례 다니는 버스를 애써 맞춰 타고 내렸다. 짐이랄 것도 없는 가벼운 베낭을 메고 떠나야 한다. 다만, 우리가 가진 것은 꿈 - 기대감 - 뿐이다

길을 나서면 높은 산이든 좋은 계곡이든 꼭 지나가야 하는 것이 오래된 절간이다. 피하기 어렵게 입장료를 내기도 한다. 생각을 접자. 오늘 가는 길은 이런 사치스런 기대감이나 요식도 없는 길이다. 그 속세를 벗어난 길을 걷기 전에 세속의 맛을 볼 데가 있으니 연곡면 소금강 입구를 지나 부연동길 초입에 있는 '산에 언덕에' 카페다.

계곡의 절경과 조화로운 건물, 그리고 주인장의 자연과 건축에 대한 애정, 소시민이 접하기 어려운 음향 시스템은 나에게 일찌감치 신전으로 다가왔다. 나는 이 카페의 신도다. 이곳의 커피 맛이 잘 볶은 시내 커피집에 미칠 수는 없겠지만 상상불허의 음향과 자연은 나에 대한 배려이고 힐링이었다. 내가 처음 올 때 수십 년을 애장했던 명반 "SGt peppers' Lonely heart's club band"을 미련없이

놓고 나왔다. 이 또한 헌정이 아닌가?

부연동에 이르는 길은 삼산리에서 시작되는 전우치고개를 넘어야 한다. 자동차에게는 아찔하고 싸이클에게도 조금 가혹할 정도이고 걷는 이에게는 혹독한 길이다. 평범한 지도상으로는 5km 정도지만 정밀지도에선 8km는 족히 되고, 실제 고도를 감안하면 10km는 되는 길이다.

이 길은 그리 많은 사람들이 기억하는 길이 아니다. 어린시절 동화 속의 꼬부랑길이 이 길이 아닌가 싶다. 다행이라면 이 길은 정상을 가는 등반길이 아니고 부연계곡을 가는 고갯길이다. 정복을 위한 길이 아니고 넘어야 하는 길이다.

나는 한참 전에 김채진에게 이 길을 이야기했다. 미사여구를 다 늘어놓고 최고의 힐링로드라고 … 이제 와서 나의 과장을 고백하지 않을 수 없다. 처음엔 시작과 끝 지점을 반대로 걸었으니 나의 과장이 변명의 여지라도 있지만, 지금 가는 길은 그때보다는 수월하다.

한 시간 남짓 오르는 동안 여러 차례나 쉬어가야 했다. 그때마다 뒤돌아보면 그 짧은 여정이 꼭 값어치 없는 것은 아니다. 오대산 자락을 채운 구름과 안개는 무릉도원은 아닐지라도 힐링로드의 바다는 충분했다. 수백 년 넘게 자리를 지킨 홍송이며 떡갈나무가 주는 냄새 없는 향기는 우리를 영혼까지 맑게 씻어주고 있었다.

전우치고개의 정상에서 보니 우리가 올라온 길과

내려갈 길의 행정구역은 같아도 빗물이 떨어지는 방향에 따라 오르던 길 쪽은 강릉의 연곡천으로 흐르고, 내려갈 길의 빗물은 양양의 남대천으로 모아지게 된다.

내가 김채진 시인을 처음 만난 것은 오래 전이 아니다. 서로 5, 60이 가까워가는 지난 해, 충무로의 한 인쇄공방에서 였다.

비매품인 내 책을 인쇄공방 사장에게 받아간 그에게 '당신 시집은 왜 주지 않느냐'고 다그쳤고, 특유의 먹물 스타일로 '다음에 주겠노라' 약속했다.

솔직히 나는 먹물들을 심히 경멸하는 습관이 있다. 주변엔 다행이 만나기 힘들지만 그들의 세계는 너무 좁기만 하다. 자신들이 배운 세계 - 맹신, 갇혀진 세계 - 조심스런 이해 타산, 그래서 나는 늘 탐탁한 믿음은 버리고 산다.

약속이 잊혀지기 전 그의 시구가 새겨진 예쁜 머그잔과 한 권의 시집을 받고 통상적인 고마움을 표시하였다. 그의 세 번째 시집 '지금쯤 비가 내렸으면 좋겠다'를 받고 아내에게 자랑만 한 채 수일 동안 술 모임으로 펼쳐보지는 못했다. 그리고 심한 비염이 찾아와 항생제 처방을 받고서야 술자리를 사양하고 그의 시집을 펼쳐볼 수 있었다.

몇 편의 꽃에 대한 시를 읽으며 '이렇게 순수한 감성을 가진 사람도 내가 만날 수 있구나!' 하고 스스로 흡족해 했다. 그가 나를 만날 때 보여준 겸손

함을 나이 차이에서 오는 예의 정도로 생각한 오만이 쑥스러워졌다.

그리고 다시 만나 대포 한 잔에 문학과 현실과 역사를 녹일 수 있었다. 아울러 그는 주저없이 나의 힐링여행에 동의하였다. 얼마 후 우리는 눈 속에서 첫 번째 양양 여행을 떠났다. 모든 것의 구할은 눈 속에 묻혀버린 여정에도 불구하고 그는 어성전 – 면옥치 – 법수치의 여정을 만족해 했다.

그리고 수일이 지난 후 또 만나 삭힌 홍어와 쉰 막걸리를 건네면서 끝없는 여정을 일구어냈다. 茶山과 광주, 해남으로 …

시대정신과 역사적 현실을 매개로 한 그 여정은 누가 뭐래도 유익하고 자부심 있는 동행임에 틀림없다. 이 일들은 내 인생에서 하나의 행운이기에 충분하지 않는가?

오월의 부연동은 생명의 힘으로 넘쳐 있었다. 생명을 가진 온갖 생명의 숨결은 세상의 풍요를 만끽하고 있었다. 시장한 배는 곤드레나물밥을 곰취에 싸고 두부조차 없는 오래된 조선된장찌개로 채우는데 그 맛은 주지육림(酒池肉林)에도 비유할 수 없었다. 옥수수막걸리가 준비 안됐다는 주인장의 너스레를 뒤로하고 다시 남대천을 따라 내려가기 시작했다.

지극히 평탄하고 한가한 이 길은 두어 시간을 걸어도 자동차나 사람을 만나기 어렵다. 새소리와 물소리 외엔 우리의 귀를 더럽힐 어떤 소음도 접할 수 없다. 이 공간과 시간을 공유하는 것은 이 길을 걷는 자만의 유일한 특권이다. 옆에 있는 김시인에겐 내가, 나에겐 김시인조차도 사치스런 동행이다. 다행히 서로에게 '물에 빠진 이의 지푸라기' 정도는 의지하고 있었다.

한 가지 아쉬움이라면 양양 남대천의 연어 이야기다. 우리나라에 몇 안되는 연어 회귀천인 이곳에는 지금쯤 연어 치어들이 유유히 노닐어야 하지만 불행히도 그렇지 않다. 늦은 가을 연어가 올라올 때쯤 하류에서 그물을 치고 모두 잡아 양양에 있는 인공부화장으로 보내 치어를 생산하고 이때쯤 바다로 방류시킨다. 연어 스스로 할 수 있는 산란을 인간들의 뜻대로 인공양식을 하고 있는 것이다. 생물들의 삶을 황폐화시키면서 말이다. 그들은 어민들의 소득증대를 구실로 삼지만 우리 연안에 오는 연어 어종은 그리 상업성이 있는 편이 아니다. 어민들을 핑계로 연어의 지연순환을 방해하는 이유는 먹물들의 밥그릇 문제일 따름이다. 어민들의 소득증대라면 당연히 세계적으로 상업성 있는 연어 어종을 육성하여야 할 것이다. 세상에는 이렇게 거꾸로 가는 일도 있다.

정약전은 그가 기록한 자산어보(玆山魚譜)를 쓸 때 거의 모든 지식을 어부들로부터 듣고 이를 충실하게 기록하는 것으로 학자로서의 큰 몫을 다했다. 하지만 현재의 어류연구원 중에는 현실로부터 괴리되어 어민들을 이해조차 못하고 쓸모없는 일에 큰 성

과를 올리고 있는 이들이 있다.

그럼에도 불구하고 남대천은 천혜의 깨끗함을 유지하고 있으며 산천어 버들치 등 희귀 보존종의 쉼터다. 부연동에서 십리가 넘도록 남대천과 나란히 걷다가 우리는 고개를 넘어야 하지만 남대천의 물은 가파른 여울과 소를 지나야 하는지라 우리보다 더 빠르게 지나가고 있었다.

이 오지도 사람 사는 곳이라 조그만 지천에도 다리가 놓이고, 빗물에 쉽게 파이는 곳은 시멘트로 포장도 되었다. 이곳의 풀과 나무, 벌레와 새들은 우리에게 주눅 들지 않고 오월을 만끽하고 있었다. 우리는 자연스레 자연의 지극한 일부가 되었다. 이곳에서 서두를 일이 있다면 오르막길에서 지칠 때 뒤돌아보며 물 한 모금을 취하는 일이다.

남대천과 동행을 끝내고 다시 지루한 고개를 두어 개를 넘어야 했다. 그 길은 같은 길이지만 이름은 부연동길에서 어성전길로 바뀐다.

이 깊은 산에도 간벌(間伐)은 광범위하게 이루어졌다. 간벌은 엄연히 산림녹화사업장에서만 이루어져야 한다. 나무를 밀식하여 곧게 자라면 일정한 시기에 간벌을 하므로써 수목의 경제성을 높이는 작업이다. 그러나 이러한 원시림에서 간벌은 야만행위에 불과하다. 이 천혜의 원시림은 수목의 상업성에 가치가 있는 것이 아니라 숲으로써의 가치가 더 클 수밖에 없다. 원시림에 대한 간벌은 자연에 대한 폭력 행위에 불과하다. 밥그릇이란 이렇게 거리낌 없이 야만을 미화시킨다. 이성과 양심이 무력함을 수 없이 경험한다.

생각 있는 사람들은 이 길을 걸으며 마음을 겁탈 당한 기분에 그치지만, 본디 이곳에 살던 곤충이나 새들 그리고 동물들은 간벌로 인한 피해가 상상하기도 어려운 일일 것이다.

우리가 늦은 걸음걸이로 두어 시간을 더 보내면서 쉬고 뒤돌아보고 또 걸으며 다시 남대천을 만난 것은 어성전에서였다.

십 수년 전 이곳에 하루에 1,000mm가 넘는 비가 내렸다. 예상치 못한 큰 비에 사람들의 삶의 근거지는 철저히 파괴되었다. 기상 변화에 따른 자연재해라 할 수 있지만, 물길이 지나간 자리는 사실 수 백년 동안 자연스럽게 흐르고 있었는데 사람들이 변형시켜 놓았던 곳이었다. 폭포처럼 내리던 비는 본디의 자리로 물길을 잡은 것이다.

그후 서둘러 하는 복구 과정에서 양양부터 이곳까지 새로운 다리를 놓고 아스팔트로 곧은 길을 포장했다.

그래! 여기까지다. 이 아스팔트 길이 우리가 이제껏 걸어온 길을 침범하지 않기를 바랄 뿐이다. 몇몇 사람들에게 편안함과 이익을 가져다주지만 가끔 우리처럼 빠르지 않게 사는 것도 삶의 일부다. 우리가 걸어 온 길도 크나 큰 이익이며 꼭 누려야 할 자유이기 때문이다.

해찰부리며 헤살부리며

지은이 · 김 채 진

발행일 · 2013년 8월 10일

펴낸이 · 김 채 진
펴낸곳 · 책과공간
주 소 · 서울시 중구 퇴계로 180-11
전 화 · 02-725-9371
팩 스 · 02-725-9372
등 록 · 제 301-1996-228 호
E-mail · spacebook@hanmail.net

정 가 · 7000 원